AF232034
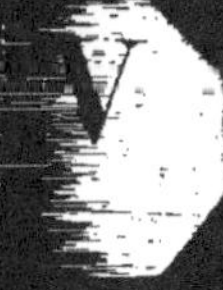

SUR

D'ANCIÈNNES CONSTRUCTIONS

EN BOIS SCULPTÉ

DE L'INTÉRIEUR DE LA NORVÉGE.

Paris. — Imprimerie de Ducessois, 55, quai des Grands-Augustins,
près le Pont-Neuf.

SUR

D'ANCIENNES CONSTRUCTIONS

EN BOIS SCULPTÉ

DE L'INTÉRIEUR DE LA NORVÉGE,

PAR PIERRE-VICTOR.

Avec trois planches de dessins.

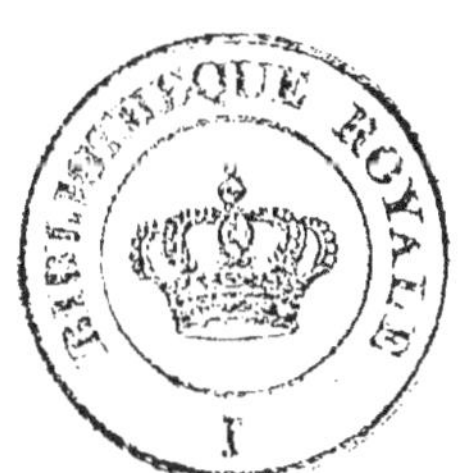

PARIS

CHALLAMEL, ÉDITEUR, 4, RUE DE L'ABBAYE,

FAUBOURG SAINT-GERMAIN.

1842

D'ANCIENNES CONSTRUCTIONS

EN BOIS SCULPTÉ

DANS L'INTÉRIEUR DE LA NORVÉGE.

Un ouvrage, publié par M. Dahl, sur d'anciens édifices en bois de la Norvége, digne de fixer l'attention de tous les amis des sciences et des arts, a paru, il y a quelques années, en Allemagne; et un petit nombre d'amateurs le connaît encore à peine en France; il concerne de rares et précieux monuments enfouis dans le sein des vallées de la Norvége. Je vais faire connaître cet ouvrage; cette étude formera le complément de ma première publication sur les monuments archéologiques de la Scandinavie [1].

Cette publication, qui a paru, en 1837, sous le titre de *Souvenirs des anciennes constructions en charpente sculptée de l'intérieur de la Norvége*, se compose de vingt-quatre planches lithographiées, accompagnées de quelques pages de texte en allemand. Ces planches représentent les trois vieilles églises de campagne de *Burgund*, *Urnès* et *Hitterdal*, dont elles donnent le plan, la vue extérieure et intérieure et les parties sculptées les plus curieuses, avec quelques meubles et fragments des églises de *Tind*, de *Bó* et de *Gaara*.

Il est à regretter que le texte n'offre pas plus de développements; il laisse à désirer plusieurs explications importantes. Il me semble aussi que

---

[1] Voyez *Coup-d'œil sur les Antiquités Skandinaves*, ou aperçu général des diverses sortes de monuments archéologiques de la Suède, du Danemark et de la Norvége, par Pierre-Victor, avec vignettes gravées sur bois. Prix, 3 fr. 50 c. Paris, chez l'éditeur, 4, rue de l'Abbaye.

les planches auraient pu être plus complètes; qu'elles auraient pu présenter un nombre plus varié de points de vue, et donner quelques coupes géométrales qui fissent mieux connaître la construction des combles et des voûtes. Les plans sont faits sans échelle, et n'ont peut- être pas toute la régularité convenable; mais les autres parties sont dessinées avec correction, d'une manière large et pittoresque. Paysagiste distingué et professeur à l'académie de Dresde, M. Dahl a, par ce travail, fruit d'un voyage récent dans sa patrie, rendu un véritable service aux arts et aux sciences historiques. Je doute que ces monuments aient jamais été reproduits aussi fidèlement, dans des proportions aussi étendues, et avec un talent capable de les faire apprécier avec autant de justesse.

« Il m'a paru d'autant plus important, dit l'auteur, de faire publier ces dessins, que l'esprit novateur du siècle et son goût pour le changement menacent ces monuments d'une destruction prochaine. Plusieurs qui existaient encore en 1826, étaient déjà démolis en 1834, pour faire place à des constructions en charpente ordinaire. »

Ceux qui subsistent ont beaucoup souffert du temps et de l'abandon dans lequel on les a laissés; mais ils se ressentent encore davantage des réparations grossières qu'ils ont subies, et qui en ont plus ou moins altéré la structure primitive. L'auteur nous apprend qu'à l'époque de la réformation, sous le gouvernement danois, les biens des églises ayant été sécularisés et étant devenus propriétés particulières, quelques-uns de ces édifices furent vendus pour la modique somme de trente *species* (150 francs), à la seule condition d'être entretenus par l'acquéreur; et encore trouvaient-ils peu d'amateurs, à cause des charges attachées à leur possession. Mais malgré toutes les modifications, additions et dégradations qu'ils ont éprouvées, ces édifices conservent un aspect encore très-caractérisé. Ce sont des monuments uniques dans leur genre : leur rareté, leur ancienneté et l'originalité de leur structure me paraissent mériter intérêt au plus haut degré.

L'édifice entier est en bois. Les travaux primitifs étaient généralement sculptés; mais beaucoup de remplissages modernes ne le sont pas. On peut juger de la richesse de l'ancienne ornementation, par les nombreux fragments qui en restent. Si l'on est frappé de la physionomie de ces constructions, on ne l'est pas moins de voir qu'elles aient pu se conserver pendant un aussi grand nombre d'années. Cette conservation est due au soin avec lequel le bois a été autrefois goudronné; elle provient aussi de l'attachement particulier et du respect religieux que les habitants de la campagne portent encore, dans plusieurs cantons de la Norvége, aux œuvres, aux coutumes et aux usages de leurs ancêtres.

Le style de ces édifices, non moins remarquables par la conception de l'ensemble que par les détails de la décoration, m'a paru se composer de plusieurs éléments d'architecture. On reconnaît dans la distribution des plans, dans la forme des chapiteaux et dans diverses autres parties sculptées, le prototype de l'architecture latine-chrétienne, et le style oriental-byzantin. Mais ces monuments, malgré leurs rapports avec les églises primitives de la chrétienté, en diffèrent pourtant; les élévations en sont tout autres : point de plan en croix, nul symbole du christianisme. On ne saurait assimiler ces édifications à celles d'aucun autre pays. Les combinaisons qu'exigeaient les matériaux employés à leur construction (lesquels ne sont ni la pierre ni la brique), ont modifié à tel point le style dont elles se rapprochent le plus, qu'elles lui donnent un caractère à part. Pour donner une idée de leur disposition architectonique, je ne crois pouvoir mieux faire que de présenter ici un résumé de la description qu'en a faite M. Thiollet, membre de la Société libre des beaux-arts, d'après les dessins de M. Dahl.

« La distribution de ces églises remarquables se compose de deux salles : la plus grande est du côté de l'entrée; la plus petite est au fond, et forme le sanctuaire. L'église de Burgund et celle de Hitterdal sont entourées d'une galerie couverte, qui sert de dégagement pour faciliter la circulation. Elles ont trois entrées symétriques, une sur la façade, et chacune des deux autres sur chaque côé, formant avant-corps et péristyle fermé. Cette galerie extérieure et ces péristyles n'existent point à l'église d'Urnès. Les trois plans ne peuvent se comparer qu'avec la basilique que Vitruve fit bâtir à Fano, et où l'intérieur de la grande salle est entouré d'un portique.

« Voici comment est conçue la construction générale : aux quatre angles de la grande salle s'élèvent quatre grands mâts ou poteaux corniers; ils sont réunis par des sablières apparentes intérieures, où les colonnes viennent s'assembler. Les espaces entre les colonnes, ainsi qu'entre les autres cloisons, se ferment avec des membrures. Aux encoignures de la petite salle et de la galerie qui constitue l'enveloppe des deux salles de Burgund et de Hitterdal, sont placés extérieurement des poteaux arrondis, formant colonne avec base et chapiteau unis. L'intervalle entre ces poteaux est rempli par des membrures posées verticalement entre les deux sablières. A Urnès, elles sont, du haut en bas, sculptées en arabesques d'un goût très-original, tandis que dans les deux autres édifices, la partie supérieure se compose de petites arcades portées par des colonnettes en fuseaux. Le fond du sanctuaire, dans les églises de Burgund et de Hitterdal, est terminé par une grande niche où s'élève l'autel, qui est isolé dans les trois plans. Dans chacun d'eux, la chaire du prédicateur se trouve à droite, à la réunion des deux salles; elle communique à une tribune formant le jubé, et placée à l'entrée du chœur, qui est élevé de trois ou quatre marches. La grande salle est garnie, par le bas, de stalles qui occupent de chaque côté un tiers du plan : l'autre tiers, au milieu, reste libre.

« Dans le temple d'Urnès et dans celui de Burgund, la grande salle est lambrissée en demi-cercle. Au-dessus du portique, la pente du toit est apparente. Les colonnes intérieures sont minces et élevées; elles s'élancent et se prolongent en forme de pilastres au-dessus des chapiteaux, tandis qu'à Hitterdal, elles sont plus lourdes et soutiennent un plafond qui écrase un peu la salle. Elles portent ici des poutres lambrissées en plafond, et divisées en compartiments pour former des caissons. L'aspect intérieur de cet édifice a quelque rapport avec l'architecture indienne. Les poutres du plafond ne reposent pas sur les chapiteaux; les intervalles sont remplis par des figures bizarres et des ornements découpés en silhouette. Il n'y a ni entablement ni corniche dans la décoration des trois temples.

« Il est fâcheux que les dessins ne permettent pas de rendre compte du comble du sanctuaire et de la partie qui forme l'hémicycle. La vue extérieure, dans ce dernier édifice et dans celui de Burgund, indique un comble de forme ovoïde, surmonté d'une lanterne cylindrique à toit conique. Les trois monuments, soit de face, soit de côté, ont un aspect pyramidal; les toitures s'élèvent en gradins inclinés et très-multipliés, offrant des pignons aigus qui varient sur chaque façade. Cette masse de bois, travaillée et découpée sur tous ses côtés, présente, tant au pourtour que sur la couverture, toutes sortes de dessins : dans le bas, des espèces d'arabesques; dans les parties les plus élevées, des réseaux losangés, des hexagones, des écailles, des zigzags.

« Les portes intérieures sont étroites; elles ont, de hauteur, quatre à cinq fois leur largeur; elles sont terminées en demi-cercle par le haut, et la plupart ornées, dans leur encadrement, de sculptures très-curieuses. Au dehors, notamment à Hitterdal, il y a des portes dont la proportion est carrée, et qui se terminent par un sommier horizontal ou légèrement arqué. A la vue de tous les fragments de pans de bois sculptés qui restent de la construction primitive de ces édifices, on peut se faire une idée de l'ancienne architecture norvégienne et des combinaisons de ses ornements, qui rivalisent avec ceux de l'architecture mauresque. »

Ces sortes de constructions, comme on peut en juger, n'appartiennent qu'au Nord. C'est une architecture skandinave, dont le caractère local se manifeste surtout dans divers ornements qui me paraissent inspirés par les croyances de la mythologie Odinique.

On voit en Angleterre de très-anciennes églises en bois, mais qui ne ressemblent à celles de la Norvége ni dans le plan ni dans l'ornementation.

Les églises anglaises ont plus de rapport avec celles de la Russie. En Allemagne, quoique les premières églises fussent en charpente, le peu de vestiges authentiques qui en reste ne permet pas d'affirmer qu'elles fussent du même genre : il est néanmoins présumable qu'elles s'en rapprochaient sous beaucoup de rapports.

La cathédrale de Strasbourg est bâtie sur l'emplacement d'une ancienne église qui doit ne pas avoir été sans analogie avec celles du Nord.

« Cette église, disent les annales alsaciennes, la première élevée dans ce pays par les Francs, fut construite en bois, suivant l'usage du temps. On enfonçait en terre de grands troncs d'arbres sciés par le milieu, en sorte que le côté brut était en dehors. Ces troncs, d'une égale hauteur, étaient placés les uns contre les autres et liés ensemble; un énorme toit de chaume les recouvrait. L'intérieur, très-simple, se composait du vaisseau ou allée du milieu, de deux nefs latérales, et au fond, vers l'orient, du chœur. Sombre, comme toutes les églises de ces anciens temps, elle semblait inspirer la dévotion et inviter à la prière. »

Comment l'architecture des églises de Norvége s'est-elle introduite dans ce pays ? les hommes du Nord l'ont-ils rapportée de la Grèce, à la suite de leurs excursions dans cette contrée ? ou bien les missionnaires chrétiens ont-ils tracé le plan de ces édifices d'après celui des églises de Rome, et en y rattachant, peut-être pour flatter le peuple, des emblèmes de son ancienne religion ? Le genre de ces constructions ne serait-il pas plutôt emprunté aux temples du paganisme ? ou même ne lui auraient-elles pas été primitivement consacrées ? C'est ce que l'auteur ne dit pas; et il ne paraît pas qu'on ait, dans le Nord, une opinion bien arrêtée à cet égard. Quelle que soit, au surplus, l'origine de ces édifices, ils présentent une physionomie qui ne permet pas de douter qu'il n'y ait eu anciennement, dans les hautes régions de la Skandinavie, un genre d'architecture particulier. Des peuples qui, malgré la barbarie que leur imputent encore nos historiens, avaient une langue, une littérature et une poésie à eux, pouvaient bien aussi avoir leur art architectural.

Je serais porté à croire que ces monuments, construits d'après les règles anciennes, s'ils n'ont pas été des temples païens, ont du moins beaucoup de leur caractère; et que, très-probablement, ce sont les premières églises fondées en Norvége par le christianisme, après les longues luttes qu'il eut à soutenir contre l'Odinisme. Leur fondation remonterait ainsi jusqu'au dixième siècle. Une inscription runique gravée à côté de la porte de l'église de *Tind*, dans le haut Tellemarken, nous apprend que ce temple a été consacré par l'évêque Rainar, qui occupait le siége épiscopal, de 1180 à 1190. Ainsi, cet édifice ne saurait avoir moins de six cent cinquante ans;

et il est possible qu'il en ait davantage, puisque rien ne dit que ce prélat en a été le fondateur. Des monnaies, trouvées sous les autels de plusieurs autres temples du même genre, leur donnent de six à sept cents ans. La vue de ces vieux monuments en bois, dont les cloisons et les toitures ont résisté, depuis tant de siècles, aux ravages du temps et aux dévastations des hommes, inspire un sentiment d'intérêt et de respect, rendu encore plus vif et plus profond par les sites imposants qui les entourent.

Ces édifices ne sont pas d'une grande étendue. L'église de Hitterdal, qui est la plus spacieuse, ne compte, extérieurement, que dix-huit mètres de long sur douze de large : elle ne peut guère contenir plus de cent vingt personnes au rez-de-chaussée, et quarante dans les tribunes. Celle d'Urnès a quatorze mètres dans sa plus grande longueur, et cinq en largeur. Celle de Burgund est un peu plus large, mais moins longue. D'après les vues qui en ont été faites, elles ne reçoivent la lumière que par de petites fenêtres carrées et par d'étroites lucarnes, qui produisent peu de jour, et elles doivent être encore assombries par les galeries qui les entourent. Le service divin est assez rarement célébré dans ces temples protestants, sortes d'annexes desservies par des prêtres qui parcourent la campagne en exerçant leur ministère dans diverses paroisses.

Ce qui frappe le plus dans ces monuments, c'est le caractère particulier de leurs sculptures. L'église d'*Urnès*, dans l'arrondissement de Bergen, qui me paraît être la plus ancienne, bien qu'elle ait éprouvé beaucoup de dégradations, en conserve encore, au dedans et au dehors, des fragments précieux et où les motifs d'ornements empruntés à la mythologie skandinave prédominent. On remarque, à l'extérieur, une colonne sculptée, dans toute sa hauteur, d'entrelacs en saillie à ramifications végétales, et plusieurs membrures de cloison (désignées à tort comme portail ornées de plantes et de serpents, qui offrent. dans leurs enlacements, les combinaisons les plus variées. Dans l'intérieur, plusieurs chapiteaux m'ont semblé avoir du rapport avec les ornements d'une lettre historiée qui se trouve dans un manuscrit du onzième ou douzième siècle, conservée à la bibliothèque de Rouen; cette vignette curieuse qui forme le B initial du premier verset d'un psaume, et qui présente dans ses enroulements plusieurs épisodes de l'histoire de David, a aussi cela de remarquable, qu'elle nous montre le Philistin Goliath sous le costume des anciens guerriers normands, vêtu de la cotte écaillée (*vestis squamata*), portant par-dessus le chaperon de son haubert, leur casque pointu, et armé d'une lance à banderole, telle qu'on en voit sur la tapisserie de Bayeux. Dans les jambages de la lettre se trouvent des ornements qui se reproduisent fréquemment dans les anciens dessins skandinaves.

L'église de *Burgund*, avec ses tourelles aiguës, ses toitures étagées et hérissées de dragons, est de l'aspect le plus original. On y distingue une très-belle porte dont l'encadrement est enrichi de magnifiques arabesques en rinceaux mélangées de serpents ailés qui s'entremordent et au milieu desquels se dessine de chaque côté une espèce de corne d'abondance. L'archivolte présente des bandelettes en lanières d'égale largeur, qui s'enchaînent en boucles symétriques. Une autre porte plus simple présente un archivolte soutenu par deux colonnettes à fût sans sculpture, dont la base figure une tête d'animal et dont le chapiteau est surmonté d'un être chimérique.

Ce monument où la plupart des voyageurs n'ont vu, jusqu'à ce jour, qu'une construction bizarre, en harmonie avec la nature sauvage qui l'environne, est en effet située dans un des sites les plus austères de la Norvége : il s'élève au milieu d'une vallée de l'arrondissement de Bergen, dans laquelle on arrive par un chemin appelé le sentier de Vindhallen, qui est bordé d'affreux précipices et construit, en plusieurs endroits, de hauts pans de muraille, le long de la rivière ou plutôt du torrent de Lerdahl. Un pont jeté sur l'abîme se fait remarquer par un genre de structure particulier au pays et témoigne de l'habileté des Norvégiens dans les constructions en bois. Sans fer ni clous, au moyen d'une espèce de tremplin établi de chaque côté du torrent, ce pont est formé de gros arbres superposés en saillie l'un sur l'autre, jusqu'à ce que les deux extrémités se trouvent assez rapprochées pour qu'un seul arbre placé dans sa longueur réunisse le tout. Le revêtement supérieur ne consiste qu'en bûches fendues, fixées par de courtes chevilles de bois ; et des liens d'osier consolident tout l'édifice.

L'église de *Hitterdal* est celle qui offre le plus de développement et qui paraît s'être le mieux conservée. Outre une tour carrée qui s'élève sur la nef en forme de clocher, elle a deux tourelles rondes terminées en cône que supporte le chœur. Son plafond bas et ses colonnes écrasées lui donnent à l'intérieur un caractère tout distinct de celui des deux autres temples. Le plafond du chœur se compose de six compartiments dans lesquels sont encadrés des rosaces et des têtes d'enfants ailées. Elle présente trois portes intérieures d'une ornementation très-recherchée, et quelquefois moins irrégulière qu'elle ne l'est communément dans les objets d'art skandinave. Des serpents, des dragons, des chimères, entrelacées de fleurs et de rameaux couvrent le portail. Les colonnettes qui en forment les jambages sont surmontées de figures humaines et d'animaux fantastiques. Les trois portes extérieures, plus basses et sans frise sculptée, sont couronnées d'une lucarne en trèfle de forme presque ogivale. Les rinceaux à feuilles larges et régulières, qui ornent les pilastres, ne sont pas sans analogie avec les ornements exécutés en France, du huitième au onzième siècle.

A la suite de ces trois monuments, M. Dahl a retracé un portail carré de l'église de *Tind*, fragment non moins intéressant, sculpté d'arabesques végétales et d'animaux chimériques. C'est sur l'un des côtés de ce portail que se trouve l'inscription runique dont j'ai parlé.

Les dernières planches reproduisent trois anciens baptistères des églises de *Bò* et de *Gaara*, dont les supports en bois sont ornés de cannelures dans le goût indien, et un antique *fauteuil* richement sculpté, dont les bas-reliefs, composés de figures et de rinceaux, varient sur chaque face. Sur le dos du siége, six figures rangées de front, dans des costumes très-curieux, se tiennent par la main et semblent représenter une alliance de famille.

Toutes ces sculptures sont d'une exécution admirable. Elles se font remarquer à la fois par le caractère du dessin, par la complication des objets représentés et par le fini du travail. Une chose les distingue essentiellement des arabesques maures : c'est l'irrégularité qui règne en général dans leur composition. L'art skandinave paraît avoir établi en principe de combiner ces entrelacs de manière à éviter toute symétrie. Assez analogues dans leur ensemble, ils sont cependant très-distincts dans leurs détails. Ici, dans leurs enlacements gracieux ou dans l'enchaînement de leurs contours nerveux, des animaux de toute espèce présentent une ornementation pleine de vie ; là, le règne végétal déploie mille combinaisons variées et brillantes : tantôt ce sont des rameaux, bouclés de manière à former un clayonnage dans lequel seraient venus se mêler, en croissant, les branchages plus déliés d'une plante grimpante pour produire de nouvelles boucles multipliées à l'infini ; tantôt c'est un treillage de bandelettes entremêlées de feuilles et de fleurs, ou bien un tissu de branches semblables à celles d'un lierre mort et effeuillé qui se serait attaché au tronc de l'orme pour ne plus le quitter. Ces sortes d'enlacements ne pourraient-ils pas faire allusion au frêne *Yggradill*, dont les nombreux rameaux, selon l'ancienne mythologie du Nord, s'étendaient sur toute la terre ? M. Dahl trouve que plusieurs sculptures norvégiennes ont du rapport avec les dessins de la Bible de Charles le Chauve. Il en est qui m'ont paru offrir encore plus d'analogie avec les ornements en cuivre placés sur la couverture de la Bible de Souvigny, dite de Moulins.

Le serpent et le dragon, qui figurent chez les peuples de l'antiquité parmi les attributs de plusieurs divinités, étaient encore plus fréquemment représentés dans les symboles des nations du moyen-âge ; ils servaient d'étendards aux Saxons et aux Francs ; on les voit ensuite, répandus par toute l'Europe, entrer dans la sculpture des édifices, orner l'armure du guerrier, s'introduire dans les dessins des manuscrits et faire invasion jusque dans l'art héraldique. Cette introduction ne serait-elle pas due, en grande partie, aux hommes du Nord ? Il est de fait que ce genre d'ornement n'a été, nulle part, plus en faveur que chez eux. Adopté dans nos contrées aussitôt après qu'ils les eurent envahies, il était déjà employé dans le Nord, longtemps auparavant, soit comme objet de fantaisie, soit comme symbole religieux. Ces nœuds multipliés de serpents interminables, sculptés sur les temples de la Norvége, figurent peut-être le grand serpent Midgard (*Midgards-arm*), fils de *Loke* [1]. Je crois que, lorsque nous serons plus familiarisés avec l'histoire et la mythologie skandinaves, beaucoup de figures énigmatiques, que nous n'avons encore pu expliquer dans les manuscrits et sur les édifices du moyen-âge, nous paraîtront moins obscures et moins dénuées de sens.

Le dragon et le serpent entrelacés se retrouvent, dans le Nord, sur les monuments runiques, sur les armes, sur les parures; ils servent d'ornements de toilette, façonnés en bandeaux, en colliers et en bracelets; ils donnent leur forme et leur nom aux navires, à la construction desquels ces peuples navigateurs apportaient tout le talent qui les distinguait dans l'art de charpenter et de sculpter le bois. Selon *Ihre*, les vaisseaux appelés *dra-kar* « avaient la figure d'un dragon d'une très-longue structure, imité par « des ornements de toutes sortes qui se rapportaient au dragon. » M. *Jal*, dans son ouvrage sur l'*Archéologie navale,* induit de cette définition, que l'extérieur était probablement recouvert d'écailles peintes; qu'il montrait sur ses flancs des ailes dessinées, sur son avant et à fleur d'eau, des pattes garnies de griffes, et à l'extrémité de son étrave une tête de dragon dont la queue venait se redresser à la poupe. Malheureusement on ne peut guère former sur cette classe intéressante de monuments que des suppositions; car il n'en reste plus d'autres traces que quelques vagues descriptions.

Mais il existe encore, dans le Nord, d'assez nombreux débris de sculpture sur bois de différentes autres espèces; il serait à désirer qu'on s'occupât de les relever. M. Dahl, qui a donné le signal de cette exploration, n'a pas reproduit toutes les vieilles églises en charpente de la Norvége. On y rencontre aussi des habitations particulières qui ont conservé des ornements très-anciens. Leurs parois sont formées de troncs d'arbres posés horizontalement l'un sur l'autre, et qui ont une épaisseur de deux à trois pieds. Il en est qui, d'après les traditions locales, passent pour avoir plus de huit cents ans. Les édifices qui me paraissent les plus curieux après les églises, ce sont des constructions en bois appelées *stolpebod,* servant de magasins, et qui offrent des fragments de sculptures dans le même goût que celles des édifices religieux. Le paysan norvégien, dans plusieurs cantons, montre

---

[1] Divinité en qui les anciens peuples du Nord adoraient le feu terrestre.

encore beaucoup d'art dans la structure de son habitation. J'y ai vu des maisonnettes en planches de sapin, faites avec autant de soin que d'élégance, ornées de péristyles et de colonnettes qui rappellent les temps anciens.

Un recueil complet de tous les vestiges de ce genre serait du glus grand intérêt. La Norvége est encore peu connue, surtout en France; et elle mériterait de l'être davantage. Visitée le plus ordinairement par des touristes qui vont y contempler, à la hâte, la beauté des sites et les imposants phénomènes de la nature, elle a été peu observée encore, sous le point de vue artistique. Nos comités historiques avaient chargé la commission envoyée dans le Nord, sous la présidence de M. Gaimard, d'y interroger l'architecture et la sculpture; je ne sache pas qu'elle ait visité et décrit les curieux monuments dont il s'agit.

Les dessins de ces édifices peuvent, je crois, me dispenser d'étendre davantage cet exposé. Je le terminerai par une observation déjà émise dans mon aperçu des *Antiquités skandinaves.* J'ai dit que les hommes du Nord n'avaient pas dû être étrangers aux modifications apportées au style architectural dans les siècles où ces peuples envahirent nos contrées : l'étude des temples en bois de la Norvége n'a fait que me confirmer dans cette opinion. Effectivement, à la vue de ces constructions qui ont précédé l'époque de l'architecture ogivale, en observant leurs formes pyramidales, leurs tourelles aiguës, leurs portes étroites, leurs ornements déliés et compliqués, on croit y retrouver, sinon le type de ce dernier style, du moins l'idée de l'ornementation qui lui est propre; on croit apercevoir, dans ces sortes de broderies en bois, le germe des nervures délicates, des découpures légères reproduites sur la pierre au dixième et au onzième siècle, et dont le caractère se montre sur toutes les antiquités septentrionales des temps antérieurs. Le goût de ces ornements a dû nécessairement suivre les Skandinaves en Allemagne, en Neustrie, en Angleterre, partout où ils se sont établis; aussi est-ce dans ces pays qu'on en rencontre le plus de traces. *Strutt* regarde les cintres surchargés de moulures et d'ornements compliqués, comme l'ouvrage des hommes du Nord : « Plus ils se montrent ornés, dit-il, plus ils se rapprochent de l'ère *normande.* » On conçoit que cette ornementation, qui offre tant d'analogie avec celle du style byzantin et du style mauresque, ait pu être introduite parmi nous par des peuples d'origine orientale, en relation avec Byzance et avec l'Orient longtemps avant la plupart des autres nations de l'Europe.

Quoi qu'il en soit, je crois que, sous plus d'un rapport, ces vestiges de l'ancienne architecture skandinave mériteraient d'être l'objet d'une exploration particulière, d'une étude spéciale et approfondie; je crois qu'ils peuvent fournir aux sciences et aux arts d'utiles révélations et d'intéressants sujets de comparaison; qu'ils sont faits pour fixer surtout l'attention de l'historien et de l'antiquaire, en même temps qu'ils sont une source d'inspirations neuves et brillantes pour l'architecte, le peintre et le décorateur. Je désire que mon opinion engage nos savants et nos artistes à tourner leurs regards vers des régions dont l'étude a été jusqu'à ce jour trop négligée. Il appartiendrait aux hommes de progrès d'y entreprendre un voyage qui leur permît non seulement d'explorer ces édifices sur les lieux mêmes, mais encore de se livrer à l'investigation de tous les anciens monuments d'art que recèle cette vaste partie de l'Europe, monde presque nouveau pour nous, habité autrefois par des peuples dont l'histoire n'est pas étrangère à la nôtre.

FIN.

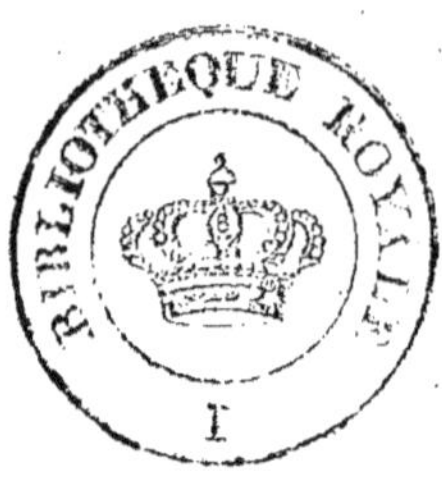

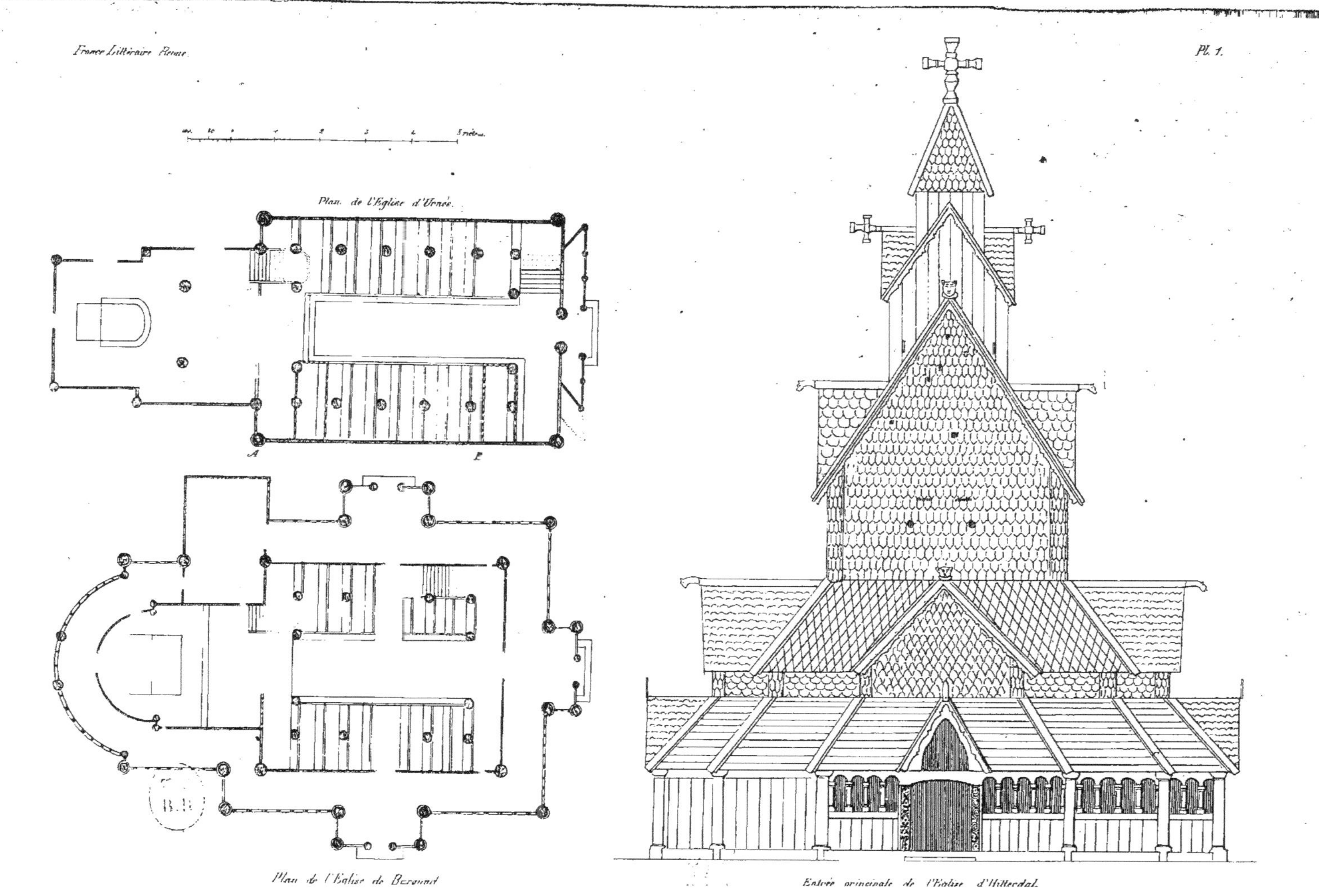
France Littéraire Pinard.
Pl. 1.
Plan. de l'Eglise d'Urnès.
Plan de l'Eglise de Borgund.
Entrée principale de l'Eglise d'Hitterdal.
5 mètres.

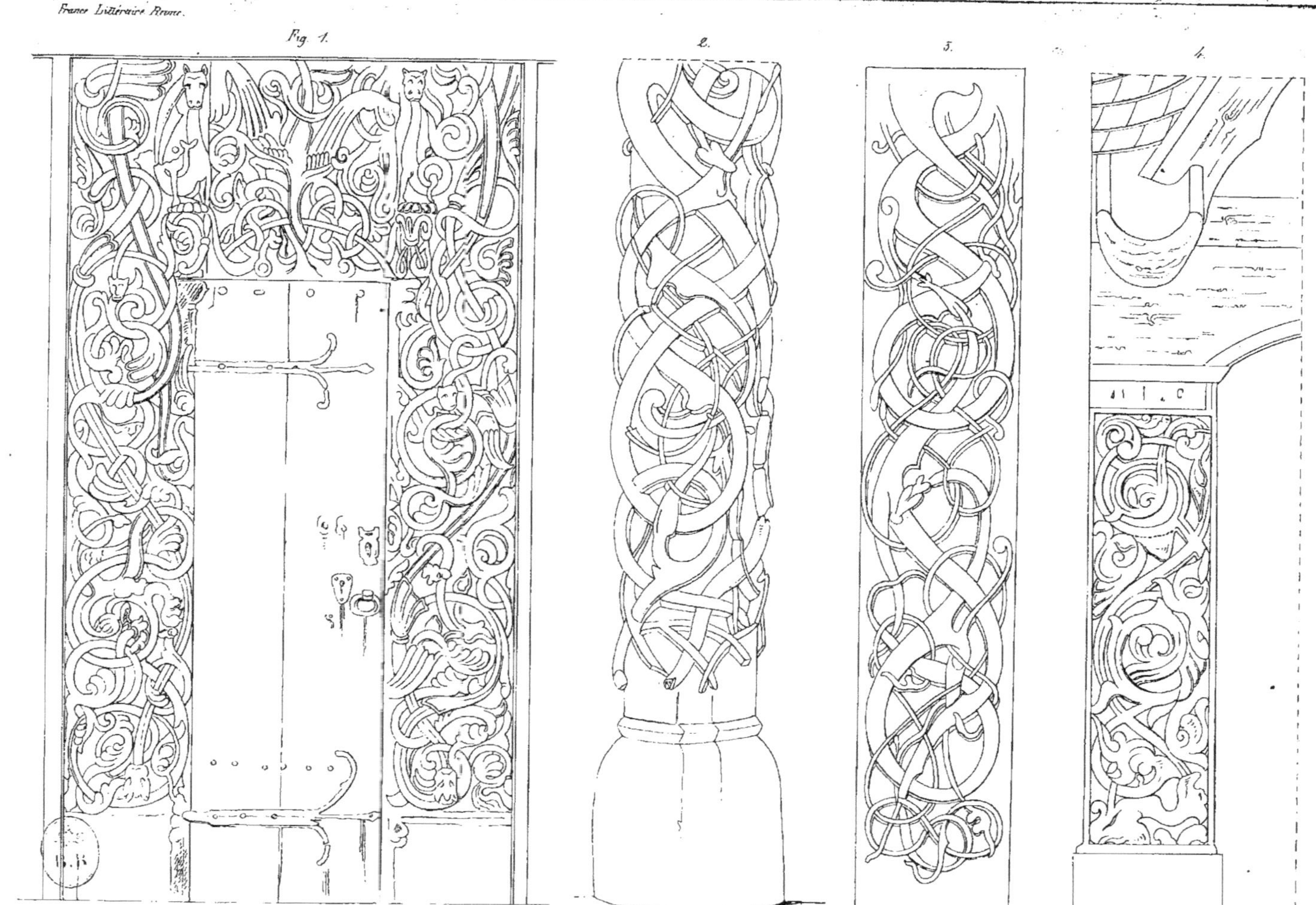
Fig. 1.
2.
3.
4.

Fig. 1

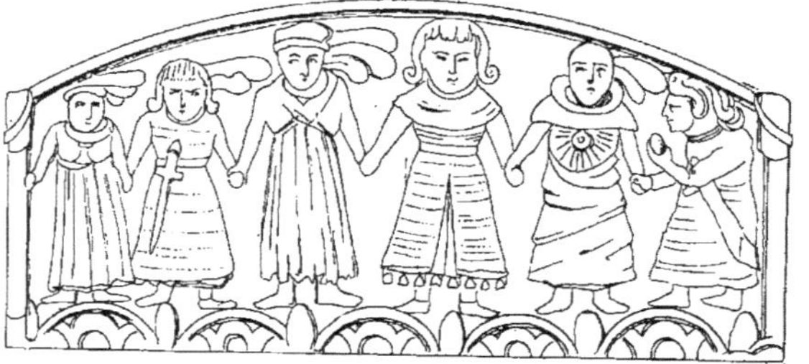

2.

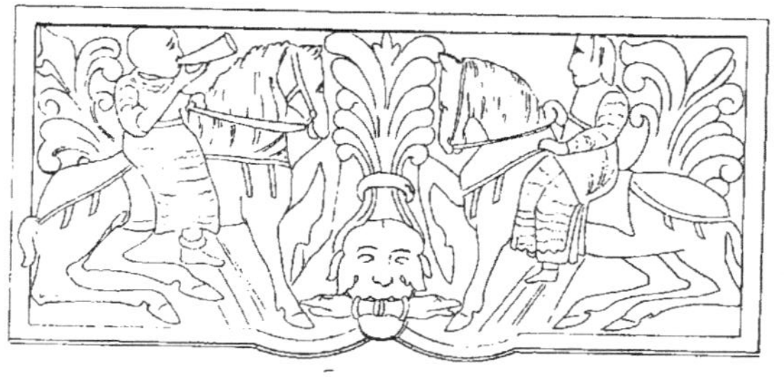

3.

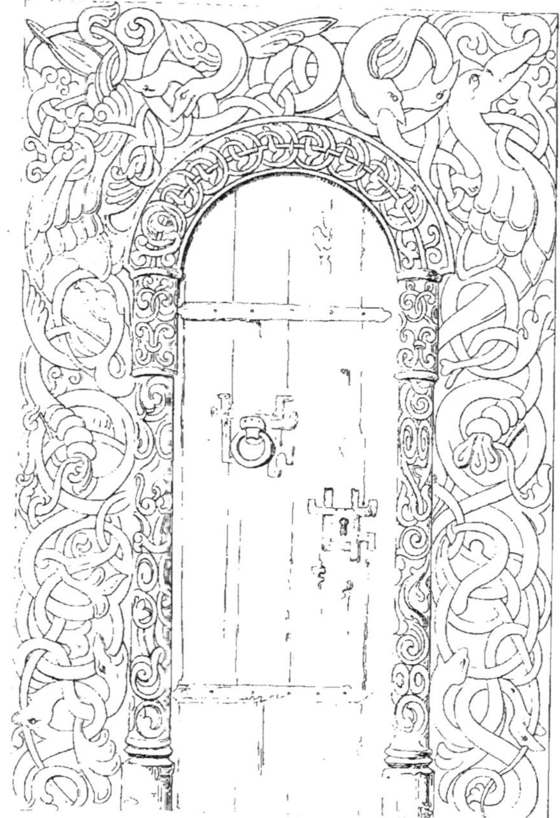

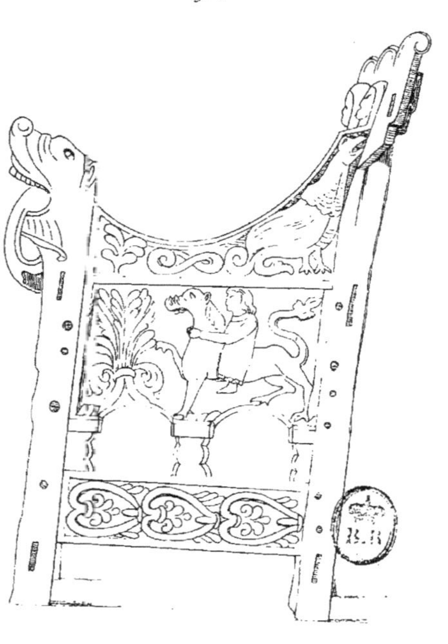

Chalumel A.B. de l'Abbaye.

Imp. Grégoire & Deneux.